¿Qué tipo de animal es?

Animales llamados mamíferos

Bobbie Kalman y Kristina Lundblad

🌳 Crabtree Publishing Company

www.crabtreebooks.com

Animales llamados mamíferos

Creado por Bobbie Kalman

Para Joanna, con mucho amor, del clan Crabtree

Editora en jefe
Bobbie Kalman

Equipo de redacción
Bobbie Kalman
Kristina Lundblad

Editora de contenido
Kathryn Smithyman

Editores
Molly Aloian
Robin Johnson
Kelley MacAulay
Reagan Miller

Diseño
Katherine Kantor
Robert MacGregor (logotipo de la serie)

Coordinación de producción
Katherine Kantor

Investigación fotográfica
Crystal Foxton

Consultora
Patricia Loesche, Ph.D., Programa sobre el comportamiento de animales,
Departamento de Psicología, University of Washington

Consultor lingüístico
Dr. Carlos García, M.D., Maestro bilingüe de Ciencias, Estudios Sociales y Matemáticas

Ilustraciones
Barbara Bedell: páginas 4 (jerbo), 5 (gorila, ornitorrinco y ballena), 6, 10,
    12 (parte central), 14, 16, 18, 20, 21, 22, 24, 26, 27, 28 (parte superior), 29,
    31, 32 (todas excepto las camadas y las crías)
Cori Marvin: páginas 4 (murciélago), 28 (parte inferior)
Margaret Amy Reiach: páginas 4 (caballo), 8 (parte superior),
    12 (parte superior), 32 (crías)
Bonna Rouse: páginas 4 (elefante), 5 (león y koala), 8 (parte inferior), 9,
    12 (parte inferior), 23, 32 (camadas)

Fotografías
Bruce Coleman Inc.: Linda Koebner: página 23
Bobbie Kalman: página 11
Visuals Unlimited: Theo Allofs: página 13 (parte superior)
Otras imágenes de Adobe Image Library, Corbis, Corel, Creatas, Digital Stock,
    Eyewire y Photodisc

Traducción
Servicios de traducción al español y de composición de textos suministrados
    por translations.com

Library and Archives Canada Cataloguing in Publication

Kalman, Bobbie, 1947-
    Animales llamados mamíferos / Bobbie Kalman y Kristina Lundblad.
(¿Qué tipo de animal es?)
Includes index.
Translation of: Animals called Mammals.
ISBN 978-0-7787-8836-2 (bound)
ISBN 978-0-7787-8872-0 (pbk.)
    1. Mammals--Juvenile literature. I. Lundblad, Kristina II. Title. III. Series.

QL706.2.K34518 2007   j599   C2007-900374-5

Library of Congress Cataloging-in-Publication Data

Kalman, Bobbie.
    [Animals called Mammals. Spanish]
    Animales llamados mamíferos / Bobbie Kalman y Kristina Lundblad.
        p. cm. -- (¿Qué tipo de animal es?)
    Includes index.
    ISBN-13: 978-0-7787-8836-2 (rlb)
    ISBN-10: 0-7787-8836-9 (rlb)
    ISBN-13: 978-0-7787-8872-0 (pb)
    ISBN-10: 0-7787-8872-5 (pb)
    1. Mammals--Juvenile literature. I. Lundblad, Kristina. II. Title. III. Series.
    QL706.2.K34918 2007
    599--dc22
                                                    2007001750

Crabtree Publishing Company
www.crabtreebooks.com   1-800-387-7650

Publicado en Canadá
Crabtree Publishing
616 Welland Ave.
St. Catharines, ON
L2M 5V6

Publicado en los Estados Unidos
Crabtree Publishing
PMB16A
350 Fifth Ave., Suite 3308
New York, NY 10118

Publicado en el Reino Unido
Crabtree Publishing
White Cross Mills
High Town, Lancaster
LA1 4XS

Publicado en Australia
Crabtree Publishing
386 Mt. Alexander Rd.
Ascot Vale (Melbourne)
VIC 3032

Contenido

Los mamíferos son animales

Los **mamíferos** son animales. Hay distintas clases de mamíferos. Cada una pertenece a un grupo. Algunos grupos de mamíferos aparecen en estas páginas.

pezuñas

Los caballos son mamíferos que tienen pezuñas (ver página 29).

Los murciélagos son mamíferos que vuelan (ver página 28).

Los jerbos son mamíferos que tienen dientes delanteros largos (ver página 27).

Los elefantes forman su propio grupo de mamíferos.

4

Los leones son mamíferos que tienen dientes afilados para desgarrar la carne (ver página 24).

Los gorilas son mamíferos que tienen manos (ver páginas 22 y 23).

Los koalas son mamíferos que tienen bolsas para llevar a sus crías (ver página 26).

Los ornitorrincos son mamíferos que ponen huevos (ver página 13).

Las ballenas son mamíferos que viven en el agua (ver páginas 20 y 21).

El cuerpo de los mamíferos

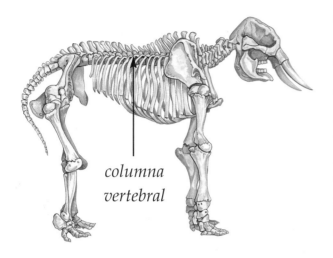

columna
vertebral

Todos los mamíferos tienen **columna vertebral**. La columna vertebral es un conjunto de huesos que se encuentra en la parte media de la espalda de un animal. Las personas también tienen columna vertebral.

Los elefantes tienen columna vertebral.

Los mamíferos tienen extremidades

Los mamíferos tienen **extremidades.** Una extremidad es un brazo, una pata, una aleta o un ala. Algunos mamíferos usan las extremidades para sostener cosas. También las usan para moverse. Cada tipo de mamífero se mueve de manera distinta. Muchos caminan o corren. Unos saltan y otros nadan o vuelan.

Este osezno usa las patas delanteras para mover un pedazo de madera.

Esta pantera nebulosa usa las cuatro patas para caminar, correr y trepar.

7

Sangre caliente

La temperatura del cuerpo de un zorro es más o menos la misma en verano que en invierno.

Todos los mamíferos son **de sangre caliente**. La temperatura del cuerpo de estos animales siempre se mantiene más o menos igual. No importa si el animal está en un lugar frío o caliente. Mide tu temperatura varias veces en un día. Debe ser siempre más o menos la misma porque tienes sangre caliente.

Incluso cuando hace mucho frío, la temperatura de su cuerpo no cambia.

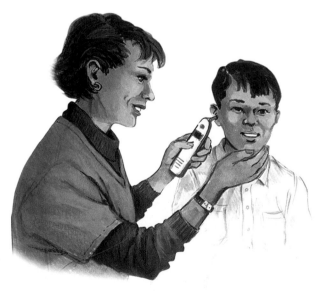

La temperatura de tu cuerpo debe ser de aproximadamente 98.6 °F (37 °C). Si tu temperatura cambia mucho, puede significar que estás enfermo.

¿Pelo o pelaje?

La mayoría de los mamíferos tienen pelo o pelaje en el cuerpo. Algunos tienen un pelaje grueso que los mantiene calientes y secos. Otros tienen pelo fino. Los seres humanos tenemos pelo. Puede ser liso o rizado.

Los perros y los gatos tienen pelaje.

Los conejos tienen pelaje. Algunos tienen pelaje largo y otros pelaje corto.

*Las ovejas están cubiertas de **lana**. La lana es un tipo de pelo suave y rizado.*

9

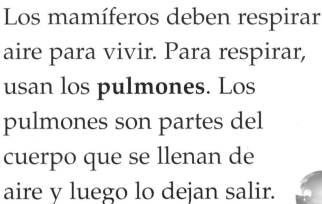

Respirar aire

Los mamíferos deben respirar aire para vivir. Para respirar, usan los **pulmones**. Los pulmones son partes del cuerpo que se llenan de aire y luego lo dejan salir.

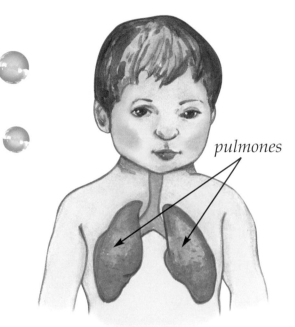

pulmones

Inspira, espira

Cuando inspiras, tomas aire por la nariz o la boca y lo mandas a los pulmones. Cuando espiras, los pulmones sacan el aire a través de la nariz o la boca. La niña de la izquierda está haciendo burbujas. El aire de las burbujas salió de sus pulmones.

Salir a respirar

Los peces pueden respirar aire bajo el agua, pero los mamíferos no. Los mamíferos que viven en el agua deben nadar a la superficie para respirar aire. Los delfines son mamíferos que viven en el agua. Respiran por medio de un **espiráculo**, un orificio respiratorio especial que tienen en la parte superior de la cabeza.

Los delfines abren el espiráculo para inspirar y lo cierran cuando se sumergen.

El espiráculo del delfín está abierto.

El espiráculo del delfín está cerrado.

Las crías de los mamíferos

La mayoría de las crías de los mamíferos crecen dentro del cuerpo de la madre. Algunas hembras llevan sus crías dentro del cuerpo durante sólo unas semanas. Otras las llevan más de un año. Los mamíferos **nacen del cuerpo de la madre**. Estos animales no nacen de huevos, como las aves.

Los gorilas nacen del cuerpo de la madre.

*Algunos mamíferos tienen sólo una cría por vez. Otros tienen **camadas**. Una camada es un grupo de crías que nacen juntas. ¿Cuántas crías de león hay en esta camada?*

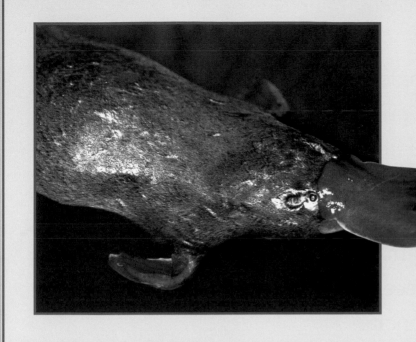

Huevos de mamífero

La mayoría de las crías de los mamíferos nacen del cuerpo de la madre, pero no las de ornitorrinco. Los ornitorrincos nacen de huevos. Las hembras ponen entre uno y tres huevos por vez.

El cuidado de las crías

La mayoría de las hembras de los mamíferos cuidan a las crías después de nacer. Algunas crías se quedan con la madre o ambos padres durante largo tiempo. Otras dejan a la madre después de unos meses para vivir solas.

*Los ciervos jóvenes se llaman **cervatillos**. Algunos cervatillos se quedan con la madre hasta dos años.*

Mamar

Las crías de los mamíferos comienzan a tomar leche poco después de nacer. Son los únicos animales que toman leche. La leche sale del cuerpo de la madre. Tomar la leche de la madre se llama **mamar**. A medida que crecen, maman con menos frecuencia. Finalmente, comienzan a comer la misma comida que los adultos.

Esta foca monje hembra tiene una sola cría que está mamando. El leopardo hembra de la derecha tiene dos crías que están mamando al mismo tiempo.

14

La comida de los mamíferos

Cuando los mamíferos dejan de mamar, tienen que buscar su propio alimento. Necesitan comida para crecer y estar sanos. Los distintos tipos de mamíferos comen diversos alimentos. Algunos comen sólo plantas y se conocen como **herbívoros**. Los herbívoros comen corteza, hierba, hojas, semillas y flores. Los elefantes, los ciervos y los conejos son herbívoros.

Los conejos comen hierba y otras plantas que crecen cerca del suelo.

Alimento para los mamíferos

Algunos mamíferos son **carnívoros**. Los carnívoros son animales que comen otros animales. Los gatos, los lobos y los hurones son carnívoros. Algunos mamíferos comen tanto plantas como animales. Estos animales se llaman **omnívoros**. Los mapaches, los osos y los zorros son omnívoros.

Los hurones son carnívoros. Comen conejos, ranas, aves y lagartos.

Los zorros son omnívoros. Comen ranas, ratones y aves, pero también comen muchos tipos de plantas.

El hogar de los mamíferos

Los mamíferos habitan en todo el mundo. Viven en muchos tipos de **hábitats**. Un hábitat es el lugar natural donde vive un animal. La mayoría vive en tierra. Los bosques, las montañas y los desiertos son hábitats de tierra. Unos pocos tipos de mamíferos viven en el agua. Los océanos, los lagos y los ríos son hábitats de agua.

Las cebras viven en zonas cubiertas de hierba. Este tipo de hábitat se llama pradera.

Los glotones viven en los bosques.

Las cabras monteses viven en las montañas.

Los osos polares viven en un hábitat frío llamado Ártico. Este hábitat está cubierto de hielo y nieve casi todo el año.

Mamíferos del océano

Las orcas son los delfines más grandes. Pasan todo el tiempo en el océano. Cazan focas y otros delfines para alimentarse de ellos.

Algunos mamíferos viven en los océanos. Los manatíes, las ballenas y los delfines pasan toda su vida en el agua. Los leones marinos, las focas y las morsas viven en la tierra y en el agua. Tienen las crías en la tierra pero buscan alimento en los océanos.

Los manatíes pueden estar bajo el agua hasta 20 minutos. Después tienen que salir a respirar.

Mantenerse calientes

La mayoría de los mamíferos que viven en los océanos tienen capas gruesas de **grasa** bajo la piel. La grasa los ayuda a mantenerse calientes. Otros animales del océano tienen pelaje grueso.

Las nutrias de mar no tienen grasa. Su pelaje grueso les ayuda a mantenerse calientes.

Las focas de Groenlandia tienen grasa. Las crías también tienen un pelaje esponjoso, aunque lo pierden pocas semanas después de nacer.

Primates

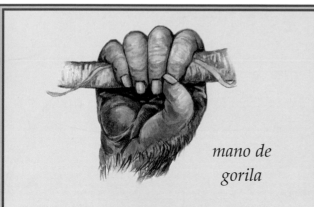

Los monos, los simios, los lémures y los humanos pertenecen a un grupo de mamíferos llamados **primates**. Algunos primates son grandes, como los gorilas. Otros son pequeños, como el gálago de la izquierda.

mano de gorila

¡Venga esa mano!

Los primates son los únicos mamíferos que tienen manos. Cada mano tiene cuatro dedos y un pulgar. Los primates usan las manos para levantar objetos y también para sostenerse de las ramas.

Los macacos japoneses viven en familias, como muchos otros primates. Los familiares se cuidan unos a otros.

Las personas y los chimpancés son primates. Esta mujer estudia los chimpancés para conocer más sobre ellos.

Los mamíferos más inteligentes

Los primates son inteligentes. Tienen un cerebro grande que usan para aprender rápidamente. Algunos usan herramientas para buscar comida y hacer otras tareas.

Los chimpancés comen hojas, frutas, nueces e insectos. Para encontrar insectos usan un palo.

Dientes y garras

Algunos mamíferos están hechos para cazar y comer otros animales. Tienen dientes filosos y garras largas y puntiagudas. Los gatos, los perros, los zorros y los osos tienen dientes y garras para cazar.

Los felinos grandes, como este tigre, usan sus dientes filosos para morder a otros animales. Los leones y los leopardos también son felinos.

Los osos polares tienen garras largas y puntiagudas.

Lobos y perros

Los lobos están emparentados con los perros que tenemos como mascotas. Los lobos cazan en grupos llamados **manadas**. Los perros viven con nosotros y los alimentamos y cuidamos.

Este pastor alemán es una mascota. Se parece mucho a los lobos de la foto de arriba.

Marsupiales

Los koalas, los canguros y las zarigüeyas pertenecen a un grupo de mamíferos llamados **marsupiales**. La mayoría de las hembras tienen bolsas en el cuerpo.

¡Bebé adentro!

Cuando la cría marsupial nace, es diminuta y débil. Se queda en la bolsa de la madre hasta que termina de crecer. Allí toma leche. Después de unos meses, la cría tiene fuerzas suficientes para dejar la bolsa.

Los canguros hembra tienen bolsa. Esta cría ya es grande para la bolsa, pero vuelve a meterse cuando tiene miedo o hambre.

Roedores

Los **roedores** son mamíferos con dientes delanteros largos y filosos. Los dientes delanteros nunca dejan de crecer. Muerden cosas duras para que no les crezcan demasiado. Eso también los mantiene afilados. La mayoría de los roedores también tiene garras.

El capibara es el roedor más grande. Puede pesar más de 100 libras (45 kg).

Las marmotas son roedores. Viven en campos con hierba y en bosques.

Los perritos de las praderas son roedores. Los llaman "perritos" porque a veces parecen ladrar.

27

Los murciélagos son los únicos mamíferos con alas. Las usan para volar. No pueden **planear** como las aves. Planear es flotar en el aire. Los murciélagos deben batir las alas rápidamente para permanecer en el aire.

Los murciélagos se cuelgan de cabeza para descansar. Muchos descansan durante el día y salen a buscar comida de noche.

La mayoría de los murciélagos comen insectos, pero algunos tipos comen peces, ratones y aves. Algunos comen frutas.

28

Mamíferos con pezuñas

Algunos mamíferos tienen pezuñas, cubiertas duras que les protegen las patas. A veces están divididas en partes. Las pezuñas de los camellos tienen dos partes. Las de los rinocerontes tienen tres partes. Las de los caballos no están divididas en partes.

pezuña de camello

Las pezuñas de los camellos tienen dos partes.

Las pezuñas de los rinocerontes están divididas en tres partes.

Las pezuñas de los caballos no están divididas en partes.

¡Encuentra los mamíferos!

Nombra todos los mamíferos que tenemos como mascotas. ¿Cuántos mamíferos nombraste?

Hay mamíferos cerca de ti, por todos lados. Tu mascota puede ser un mamífero. Muchos mamíferos pueden vivir en tu jardín. Mira las imágenes de estas páginas. ¿Cuáles de estos animales son mamíferos? ¿Cuáles no lo son?

¿Las aves son mamíferos? Las aves no son mamíferos. No tienen pelo ni pelaje, sino plumas.

Recuerda:
- la mayoría de los mamíferos tienen pelo o pelaje en el cuerpo
- tienen sangre caliente
- las crías toman leche
- algunos viven en el agua y otros en la tierra
- respiran aire

30

¿Un pez es un mamífero? No es un mamífero. Los peces no son animales de sangre caliente.

¿Un hurón es un mamífero? Sí, es un mamífero. Cuando nace, toma leche del cuerpo de la madre.

¿Un mapache es un mamífero? Sí, es un mamífero. El mapache respira aire.

¿Un lagarto es un mamífero? No es un mamífero. Las crías de los lagartos no toman leche del cuerpo de la madre.

Palabras para saber e índice

camadas (las)
página 12

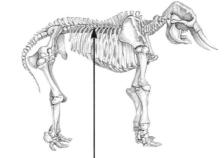

columna vertebral (la)
página 6

crías (las)
páginas 5, 12-13, 14, 20, 21, 22, 26, 30, 31

gatos (los)
páginas 9, 17, 24

desierto   *bosque*

hábitats (los)
páginas 18, 19

mamar
páginas 14, 16

roedores (los)
página 27

primates (los)
páginas 22-23

pulmones

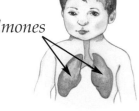

marsupiales (los)
página 26

respiración (la)
páginas 10-11, 30, 31

Impreso en Canadá